AF337786

UN

DOCUMENT HISTORIQUE

PEU CONNU

POUR SERVIR A L'HISTOIRE

DE NOS MŒURS RÉVOLUTIONNAIRES

(*Extrait de* **L'Impartial dn Nord**)

VALENCIENNES

IMPRIMERIE E. PRIGNET, LIBRAIRE-ÉDITEUR

1869

A M. le Rédacteur de L'Impartial du Nord.

Monsieur le Rédacteur,

Dans son numéro du 19 de ce mois, *l'Impartial* donne l'extrait suivant d'un article du *Journal officiel du soir* sur les cas d'albinisme et de mélanisme :

« L'auteur éminent du *Traité de Tératologie* cite le fait d'une *petite fille née à Valenciennes en l'an III, qui portait sous le sein gauche un bonnet de la liberté.* — Ce qu'il y a de curieux à noter, c'est que le gouvernement récompensa la mère par une pension de 400 francs.

« Voilà un fait , ajoutez-vous avec raison , qu'ignorent sans doute beaucoup de Valenciennois. Nous proposons à nos lecteurs de rechercher le nom de cette jeune patriote qui affichait des sentiments si libéraux en venant au monde. — Peut-être existe-t-elle encore. »

Comme je possède , parmi un grand nombre d'autres pièces intéressantes relatives à la Révolution de 1789, un exemplaire original de l'arrêté proconsulaire, qui alloue, en effet, un premier secours de 400 livres à la mère de l'enfant dont s'agit, je puis, sans beaucoup de recherches, non seulement satisfaire à votre désir en vous indiquant sa filiation exacte, mais encore communiquer à vos lecteurs la teneur de ce même arrêté qui offre, à mon avis, tant au fond qu'en la forme, un double intérêt de curiosité qu'on ne saurait méconnaître.

C'est un placard in-folio, sur deux colonnes, imprimé *à Valenciennes, chez le républicain J. Prignet, près la Grand'Place,* sur mauvais papier *à Chandelle*, le 13 nivôse an III, et signé par les Représentants du Peuple Roger Ducos et J.-B. Lacoste.

En tête , une vignette sans légende. — Elle représente, comme de raison , un Bonnet de Liberté dans une couronne de lauriers et d'olivier posées sur une auréole [1].

Les considérants de cette pièce singulière en font certainement un spécimen très remarquable du philosophisme, non moins creux que sentimental, que Saint-Just, Billaud-Varennes et leurs adeptes avaient introduit dans la langue révolutionnaire. Inexorables dans la pratique, n'hésitant pas à imposer leur *Credo* politique par l'épouvante, les terroristes de cette école, un peu fille de Jean-Jacques, semblent toujours prêts à écrire une églogue, un dithyrambe à la Nature et à l'amour de la même main qui va tout à l'heure signer des centaines d'arrêts de mort. Singulier contraste entre la violence des châtiments et la tendresse des paroles.

A la fois doucereux et cruels, vautours et ramiers, ils roucoulent et ils tuent !

[1] Cette vignette, qui figure plus loin , a été conservée dans cette imprimerie avec d'autres de la même époque.

Au fond, il s'agit dans notre placard d'une somme de *quatre cent livres* (sic) offerte, à titre de récompense nationale et de secours provisoire (sans doute en attendant mieux) à la citoyenne *Madeleine Bouché*, épouse J.-Bte. *Mercier*, accouchée à Landrecies (et non à Valenciennes), d'une fille portant sous le sein gauche, un *Bonnet de liberté en couleur et en relief*, ainsi qu'il appert d'un rapport du général divisionnaire Jacob chargé de la constatation *de visu* du phénomène.

Tout cela ressemble si bien à une mystification qu'on prendrait volontiers l'enfant au bonnet rouge pour le digne pendant de ces veaux à deux têtes exhibés dans les foires, ou encore du grand serpent de mer qui, naguères, apparaissait aussi de temps à autre dans les colonnes de certains journaux.

Est-ce bien sérieusement, en effet, que des hommes haut-placés, revêtus d'importantes fonctions, et, d'ailleurs, si impitoyables dans l'accomplissement de leurs mandats, se sont occupés de sornettes aussi...... *puériles?* On se le demande, mais le moyen d'en douter quand l'arrêté qui nous occupe a été non-seulement imprimé et affiché, mais encore adressé au comité d'Instruction publique de la convention nationale !

Certes, il fallait pousser bien loin l'esprit de parti pou saisir entre le civisme et la physiologie d'aussi puissantes affinités! Se figure-t-on ce général de la République une et indivisible faisant du nourrisson prédestiné de la citoyenne Mercier l'objet d'un rapport officiel, puis à leur tour, les réprésentants du peuple célébrant la venue de cette enfant du miracle par un cantique d'actions de grâces à la nature, au *moteur secret de l'Univers,* au Dieu nouveau enfin, qui, en bon Jacobin, manifeste ainsi par des actes éclatants, ses chaudes sympathies en faveur de la nouvelle religion d'État dont Robespierre, en costume de Mélibée ou de Corydon, se proclame le chef, avec l'échafaud pour autel, et l'exécuteur des autres œuvres pour lévite?

Heureuse mère, cette citoyenne Mercier! qui, par un *privilège* bien rare, surtout à cette époque à jamais glorieuse précisément par l'abolition violente ou spontanée de tous les privilèges, se trouve avoir bien mérité de la patrie par le seul fait matériel de ses couches, même en accouchant d'une fille! Plus heureuse enfant! que sa bonne étoile fait naître avec accompagnement de bonnet rouge et qui se pourra se dire, à bon droit, grâce à cette marque indélébile. patriote *ab ovo* et républicaine... de naissance.

Certes, il y avait là de quoi exercer la verve satirique de Peltier, de Rivarol et de leurs collaborateurs.

Mais assez de commentaires, mon cher Rédacteur sur cet arrêté excentrique dont le texte m'a paru, je l'avoue, susceptible d'être remis en lumière. Je vous le fais passer dans ce but en vous laissant d'ailleurs le soin de voir, à votre tour s'il mérite, en effet, les honneurs d'une exhumation.

Aussi bien, si ce document semble trop dépourvu d'intérêt pour attacher l'esprit, il est du moins trop court pour le fatiguer, et ce mérite de briéveté joint à l'inconstestable rareté du morceau devenu à peu près introuvable, vous détermineront, je pense, à le réimprimer dans l'*Impartial*.

Agréez, etc.,

CH. COLLET.

Liberté, Egalité, Fraternité ou la Mort.

A Valenciennes le 13 Nivose, l'an 3e de la République Française, une et indisible.

LES REPRESENTANTS DU PEUPLE,

Près les Armées du Nord, de Sambre & Meuse & Départements Frontières.

Vu la pétition de la Citoyenne Magdeleine Bouché, Epouse de J.-B. Mercier, Volontaire au 1er Bataillon du Nord, chargée de plusieurs Entants, qui n'échappa qu'avec beaucoup de peine à la férocité des Autrichiens lors du 1ᵉʳ siège de Valenciennes ; laquelle vient d'ac coucher à Landrecies d'une Fille portant sous le sein gauche le *BONNET DE LA LI-BERTE,* en couleur et en relief, dont la pétition nous a été renvoyée par le Comité du Salut Public.

Vû le rapport du Général divisionnaire JACOB, qui a été par nous chargé de vérifier ce dernier fait.

Considérant qu'il résulte du rapport, du Général JACOB, qu'il est constant que la Fille dont vient d'accoucher la Citoyenne MERCIER, porte sous le sein gauche le *BONNET DE LA LIBERTÉ,* en couleur et en relief.

Considérant que le Peuple Français n'a brisé ses antiques idoles que pour mieux honorer les vertus; que le jour de la Liberté en dissipant les ténèbres mensongères du fanatisme rend tout leur éclat aux œuvres de la Nature, qui s'est plûe pendant le cours de notre Révolution à nous prodiguer ses bienfaits ; que si les miracles inventés par l'imposture sacerdotale étaient accueillis par l'ignorance et la sottise, il n'appartient qu'aux esprits éclairés et à la Raison d'observer attentivement les prodiges variés du Moteur secret de l'univers.

Considérant que le phénomène dont la fille de la Citoyenne

MERCIER offre le premier exemple, prouve non-seulement que la nature aime à marquer de son sceau le règne de l'indépendance, mais encore atteste l'attachement intime que la Mère de cette enfant porte aux signes sacrés de la Liberté.

Arrêtent que sur le vudu Présent Arrêté le Receveur du District du Quesnoy payera à la Citoyenne MERCIER la somme de quatre cens livres, à titre de secours provisoire.

Arrêtent en outre que le présent Arrêté sera adressé au Comité de Salut Public et d'Instruction Publique de la Convention Nationale.

Le présent Arrêté sera imprimé et affiché.

Signé, ROGER DUCOS et J. B. LACOSTE.

Pour copie conforme, GROSLEY, *Secrétaire.*

A Valenciennes, de l'Imprimerie du Républicain J. PRIGNET, près la Grande Place.

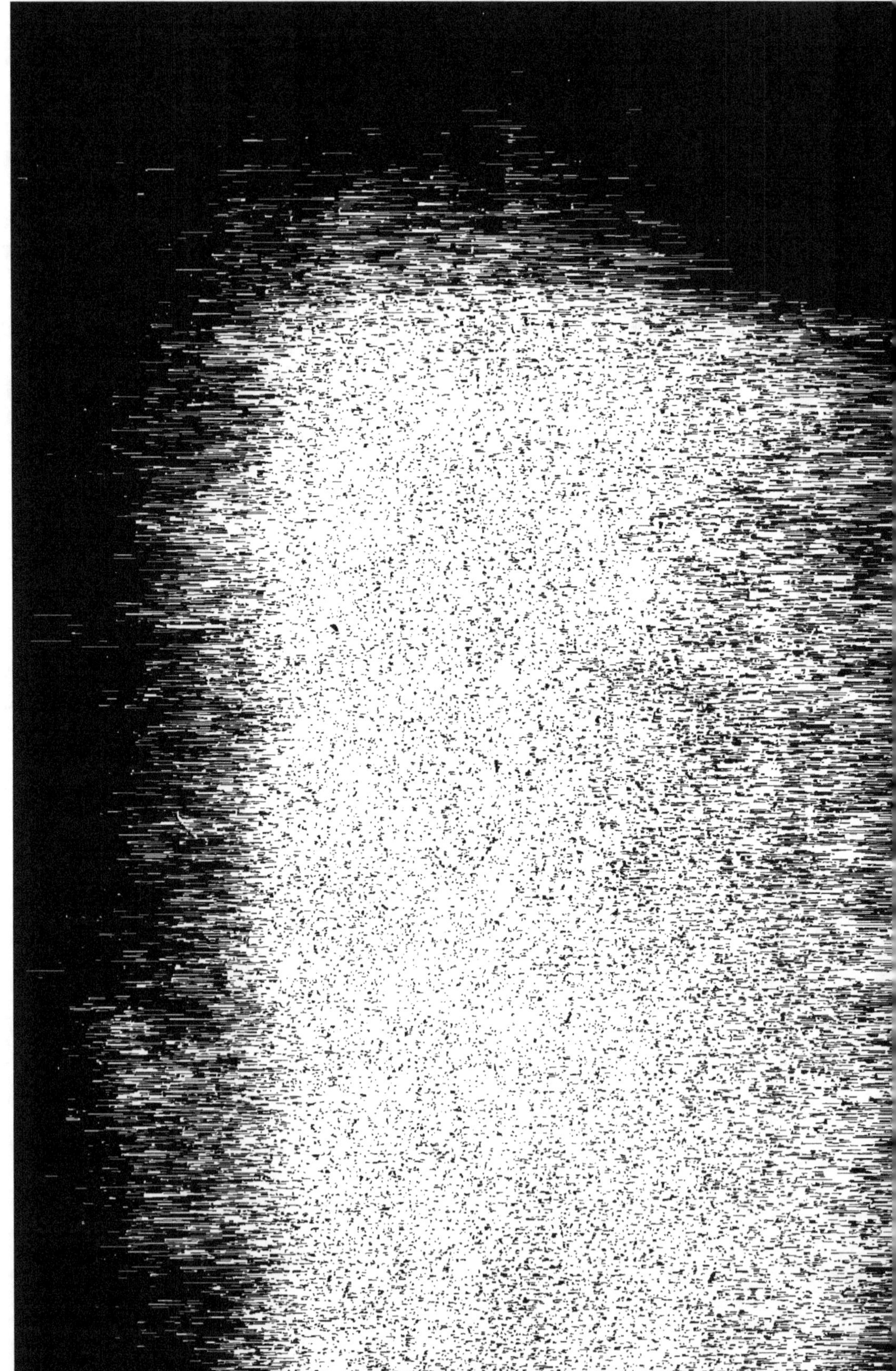

9 782012 982567